ANDREA KUHRMANN • NADINE REITZ

Lenni Langohr

Originalausgabe

Copyright © 2020 by Bastei Lübbe AG, Köln

Illustrationen und Umschlaggestaltung: Nadine Reitz
Satz: Judith Knabe, Köln
Gesetzt aus der Scala
Druck und Einband: Livonia Print, Riga

Printed in Latvia
ISBN 978-3-8339-0611-4

5 4 3 2 1

Sie finden uns im Internet unter www.baumhaus-verlag.de
Bitte beachten Sie auch www.luebbe.de

ANDREA KUHRMANN • NADINE REITZ

Lenni Langohr
Ein Hase zum Liebhaben

Dieses Buch gehört

BAUMHAUS

Inhalt

Lenni Langohr
schläft heute lang

- 6 -

Lenni Langohr
im Park

- 22 -

Lenni Langohr
macht Musik

- 40 -

Lenni Langohr
hilft im Garten

- 58 -

Lenni Langohr
auf dem Spielplatz

- 72 -

Lenni Langohr
bekommt Besuch

- 88 -

Lenni Langohr
schläft ganz allein

- 104 -

Das ist das Zimmer von Lenni Langohr.
Siehst du Lenni?

Lenni schläft heute besonders lang. Siehst du seinen Freund Möhrchen?

Da kommt Mama Langohr herein.
„Lenni, aufstehen", flüstert sie ihm ins Ohr.
„Das Frühstück ist fertig."

Lenni gähnt.

Mama krault Lenni den Rücken.

Lenni möchte auf Mamas Rücken in die Küche reiten.
„Hopp, hopp!", ruft er.

Er klettert auf Mamas Rücken.

Lenni reitet in die Küche. Dort sitzen schon
Papa Langohr und Lennis große Schwester Klara.

Lenni setzt sich auf Mamas Schoß. Da ist es schön gemütlich.

„Es gibt Frühstück, Lenni. Was möchtest du auf deinem Brötchen essen?", fragt Mama.

Lenni möchte Honig. Siehst du das Glas mit Honig?

Lenni klettert auf seinen Stuhl.

Er schraubt das Glas auf. Mama gibt Lenni einen Löffel.

Lenni streicht den Honig auf das Brötchen. Mmh, lecker!

Und dazu reicht Mama ihm noch eine warme Milch.

Huch! Jetzt ist das Brötchen auf den Schlafanzug gefallen.

Oh! Der Honig ist ganz klebrig.

„Macht nichts", sagt Mama. „Den Schlafanzug stecken wir gleich in die Waschmaschine."

Mama wischt Lenni die Hände ab. Nun sind sie wieder sauber.

Lenni geht mit Papa in sein Zimmer. Wo ist nur seine Hose?

Und wo ist der Pullover? Lenni öffnet den Kleiderschrank.

Was ist alles in Lennis Schrank?

Lenni ist angezogen. Jetzt muss er noch die Zähne putzen.

Lennis Jacke und seine Schuhe sind hier.

Lenni ist fertig für den Kindergarten.
Mama wartet schon im Auto auf ihn.

„Tschüss, Papa!", sagt Lenni und
gibt ihm zum Abschied ein Küsschen.

Heute Nachmittag geht Lenni mit Mama in den Park.
Siehst du Lenni?

Lenni hat sein Laufrad dabei. Hui! Das macht Spaß!

Da vorne kommen Frau Krämer und ihr Hund Lucky.

Lenni wirft ein Stöckchen für Lucky.
Lucky läuft hinter dem Stöckchen her.

Huch! Möhrchen ist runtergefallen.

Da kommt Lucky zurück. Das Stöckchen hat er nicht dabei.

Lucky entdeckt Möhrchen.
Er hebt Möhrchen auf und bringt ihn Lenni.

Lenni freut sich.

Er darf Lucky zum Abschied ein Leckerli geben.

„Ist das schön hier! Oder, Lenni?", sagt Mama Langohr.

Lenni findet es auch schön.
Er sammelt die Steine und Stöcke auf dem Weg.

Lenni schenkt Mama die Steine und Stöcke.

„Danke", sagt Mama. „Wir legen sie hier in den Kinderwagen."

Da sind ein paar Baumstämme.

Lenni möchte auf den Baumstämmen balancieren.
Aber sie sind so hoch!

Wie soll Lenni da nur raufkommen?

Lenni hat eine Idee. Er klettert einfach von der anderen Seite hoch. So geht es!

„Mama, Hunger", sagt Lenni.

Mama Langohr hat ein Picknick mitgebracht.

Sie packt Gurke, Tomaten und Butterbrote aus.
Das schmeckt gut!

„Sollen wir zu den Ziegen gehen, Lenni?", fragt Mama.

Lenni und Mama gehen zu den Ziegen.
Siehst du die Ziegen?

Mama Langohr kauft eine Schachtel mit Futter.
„Hier, Lenni, damit kannst du die Ziegen füttern."

Lenni findet das etwas unheimlich.

„Soll ich mitkommen, Lenni?", fragt Mama.
Oh, ja! Mama soll mit.

Lenni hält einer Ziege die Hand mit dem Futter hin. Das kitzelt!

Ratzfatz ist das Futter leer.

„Es ist schon spät. Komm, wir gehen nach Hause, Lenni", sagt Mama.

Mama Langohr nimmt Lenni auf den Arm und gibt ihm ein Küsschen. „Tschüss, Ziege!", sagt Lenni und winkt.

Heute darf Lenni zur Musikgruppe gehen.
Mama und Möhrchen kommen mit.

In der Musikschule warten schon viele Kinder.

Alle Kinder sitzen im Kreis.

Das ist Veronika, die Musiklehrerin.

Veronika singt mit den Kindern das Begrüßungslied:
„Hallo, hallo! Schön, dass du da bist!"

Lenni singt ganz laut mit und klatscht in die Hände.

Veronika holt Klanghölzer aus einer Schublade.
Mit denen kann man besonders gut Musik machen.

Jedes Kind bekommt ein Instrument.
Die Triangel macht einen hellen Ton. *Pling*.

Mit den Eiern kann man wunderbar rasseln. *Rassel, rassel*.

Alle Kinder dürfen laut singen und tanzen.

Lenni hüpft mit den anderen Kindern im Kreis.

Veronika setzt sich an das Klavier.

„Pssssst", sagt Veronika. „Jetzt sind wir alle ganz, ganz leise."

Veronika spielt ein schönes Lied. Ihre Finger sausen über die Tasten.

Nun darf Lenni Klavier spielen.

Klimper, klimper, kling. Das hört sich ein wenig schief an.

Lenni und die anderen Kinder lachen.

Welche Instrumente gibt es noch in der Musikschule?

Veronika verteilt Papier und Stifte.

Jedes Kind darf sein Lieblingsinstrument malen.

Was malt Lenni denn da? Eine Trommel.

„Lenni, möchtest du auf der Trommel spielen?", fragt Veronika.

Lenni möchte gern trommeln.

Lenni haut mit den Stöcken kräftig auf die Trommel.
Das macht Krach.

Veronika zeigt Lenni, wie man auf der Trommel einen Rhythmus schlägt. *Ba-damm, ba-damm.*

Lenni kann das schon richtig gut.

Veronika ruft die Kinder zum Abschlusskreis.

Sie singen das Abschiedslied:
„Alle Leut', alle Leut' geh'n jetzt nach Haus'."

Jetzt ist die Musikstunde zu Ende. Mama gibt Lenni ein Küsschen.

„Tschüss, Veronika! Tschüss, Trommel!", sagt Lenni.

KAPITEL 4
Lenni Langohr hilft im Garten

Heute geht Lenni Langohr mit Papa und Möhrchen in den Garten. Siehst du Lenni?

Papa holt die Geräte aus dem Schuppen.

„Hilfst du mir, Lenni?", fragt Papa. Lenni nickt.

Papa gibt Lenni einen kleinen Eimer, eine Schaufel und eine Gießkanne.

„Wir können den neuen Apfelbaum einpflanzen", sagt Papa.

Der Baum kommt in das große Beet.

Im Beet ist noch ein Plätzchen frei. Lenni gräbt ein Loch hinein.

Lenni setzt den Baum in das Loch.

Doch was ist das? Der Apfelbaum fällt um.

„Ich halte den Baum für dich fest", sagt Papa.

Lenni schaufelt vorsichtig etwas Erde in das Loch.
Jetzt steht der Apfelbaum ganz gerade.

Wo ist eigentlich Möhrchen?

Oje! Möhrchen steckt neben dem Apfelbaum fest!

Lenni zieht Möhrchen aus der Erde. Hau ruck!

Gut, dass Lenni seinen Freund wiederhat!

Lenni macht Möhrchen schnell sauber.

Jetzt holt Papa den Rasenmäher aus dem Schuppen.
„Hilfst du mir, Lenni?", fragt Papa.

Ja, Lenni möchte gerne helfen. Er schiebt mit Papa den Rasenmäher. *Brrrm, brrm!*

Nun müssen Papa und Lenni die Blumen gießen.

Lenni darf den Schlauch halten.
Das Wasser spritzt. *Pschschscht*.

Da kommt Mama Langohr in den Garten.
Lenni dreht sich mit dem Schlauch zu Mama um.

„Huch!", ruft Mama und läuft durch den Garten.

Lenni und Papa lachen. Mama lacht auch.

„Du kleiner Schlingel!", sagt Mama und gibt Lenni ein Küsschen. „Kommt rein. Es gibt Abendessen."

Lenni geht mit Mama und Papa ins Haus. „Tschüss, Apfelbaum! Tschüss, Garten!", sagt Lenni und winkt.

Heute geht Lenni Langohr mit Papa und Möhrchen auf den Spielplatz. Lennis große Schwester Klara darf auch mit.

Auf dem Spielplatz sind schon ein paar Kinder.

Das Klettergerüst und die Rutsche sehen aus
wie ein Piratenboot.

Klara rennt zum Piratenboot und klettert nach oben.

Lenni möchte auch hoch.

Lenni klettert auf die erste Sprosse
und hält sich mit den Händen fest.

Aber die nächsten Sprossen sind sehr weit auseinander.
Lenni kommt nicht ran.

Papa steht hinter Lenni und hilft ihm ein wenig.

Jetzt klappt es. Lenni klettert die ganze Leiter nach oben.

Klara gibt Lenni die Hand und zieht ihn rauf.

„Danke, Klara!", sagt Lenni.

Die Rutsche ist ganz schön lang. Lenni ist etwas mulmig.

Macht nichts! Klara ist ja da
und nimmt Lenni zwischen die Beine.

Hui! Das ist lustig!

Jetzt möchte Lenni im Sand spielen.
Im Sandkasten sitzt schon ein anderer Junge.

„Ich auch", sagt Lenni und greift nach dem Eimer.

„Nein!", ruft der Junge. Er nimmt Lenni den Eimer weg.

„Bitte", sagt Lenni.

Der Junge gibt Lenni einen zweiten Eimer.

Lenni und der nette Junge bauen zusammen eine Sandburg.

Unter dem Piratenboot ist eine Höhle.
Lenni krabbelt hinein.

Klara ist auch schon da.

„Sollen wir Piraten spielen?", fragt Klara.

„Du rufst immer ‚Aye, aye, Käpt'n!'", erklärt Klara.
Das kann Lenni schon gut.

Da guckt Papa in die Höhle.
„Kommt, wir müssen nach Hause", sagt er.

„Aye, aye, Käpt'n!", ruft Lenni. Papa und Klara lachen.

„Na, dann los!", sagt Papa. Er gibt Lenni ein Küsschen.

„Tschüss, Spielplatz! Tschüss, Piratenboot!",
ruft Lenni und winkt.

Heute passt Opa Langohr auf Lenni auf. Siehst du Opa?

Lenni flitzt zur Tür.

Wenn Opa zu Besuch kommt,
machen Lenni und er immer etwas ganz Besonderes.
Opa und Lenni sind die allerbesten Freunde.

Als Erstes bauen Lenni und Opa die Holzeisenbahn auf.

Lenni steckt die Schienen ineinander.
Opa baut die Brücke auf. Fertig!

„Tut, tut!", ruft Opa. Möhrchen fährt auch mit.
Siehst du Möhrchen?

Jetzt holt Opa die Bauklötze aus dem Schrank.
Lenni liebt Bauklötze.

Lenni baut einen ganz hohen Turm. Opa hilft ihm dabei.

Der Turm ist fast so hoch wie Opa.

Oje, der Turm wackelt! Und holterdiepolter kippt der Turm um. Macht nichts.

Lenni und Opa haben Hunger. Mama hat Brokkoli mit Soße auf den Herd gestellt.

„Ich mag Brokkoli nicht", sagt Opa. „Komm, Lenni, wir kochen Nudeln mit Tomatensoße."

Oh, ja! Lenni liebt Nudeln.

Lenni darf die Tomaten waschen.

Dann schneidet Opa die Zwiebeln klein.

Lenni kippt die Tomaten und die Zwiebeln in den Topf.

Opa kocht die Soße und die Nudeln. „Vorsicht, Lenni! Nicht anfassen! Das ist heiß!", sagt Opa.

Mmmh, das riecht lecker!

Ach du Schreck! Das Nudelwasser ist übergekocht.

„Egal, das wischen wir weg", sagt Opa.
„Gibst du mir bitte das Trockentuch, Lenni?"

Gar nicht so einfach, die Nudeln zu essen. Opa und Lenni bekleckern sich tüchtig mit Tomatensoße.

Nach dem Mittagessen bauen Opa
und Lenni im Wohnzimmer eine Autorutsche.

Wusch! Die Autos sausen das Sofa runter.

Da kommt Mama nach Hause.

„Opa!", ruft Mama. „Wie sieht es denn hier aus? Und wieso seid ihr von oben bis unten mit Tomatensoße bekleckert?"

Opa lacht. Mama hat ja keine Ahnung, wie man spielt!

„Hilfst du mir beim Aufräumen, Lenni?", fragt Opa.
Klar macht Lenni das! Opa ist doch sein Freund.

Jetzt geht Opa wieder nach Hause. Er zieht seine Jacke an.

Lenni gibt Opa ein Küsschen. „Tschüss, Opa!",
sagt Lenni und winkt.

Es ist Abend bei Familie Langohr.

Lenni muss jetzt ins Bett.
Klara und Lenni gehen ins Badezimmer.

Zuerst muss Lenni sich ausziehen. Puh, ist das schwierig!

Gut, dass Klara da ist. Sie hilft Lenni mit dem T-Shirt.
Die Hose schafft er schon ganz allein.

„Pipi", sagt Lenni.

Der Toilettensitz ist so hoch. Wie soll Lenni da nur hinkommen?

Ah! Da steht ja ein Hocker.

So geht es.

„Toll!", sagt Klara. „Du kannst ja schon allein Pipi machen!"

Jetzt muss Lenni die Hände waschen.

Klara hilft Lenni, das Wasser anzumachen. Sie gibt ihm die Seife.

Hui, wie das schäumt! Und schwupps fliegen die Seifenblasen davon.

Jetzt noch abtrocknen. Fertig!

Was gibt es alles im Badezimmer?

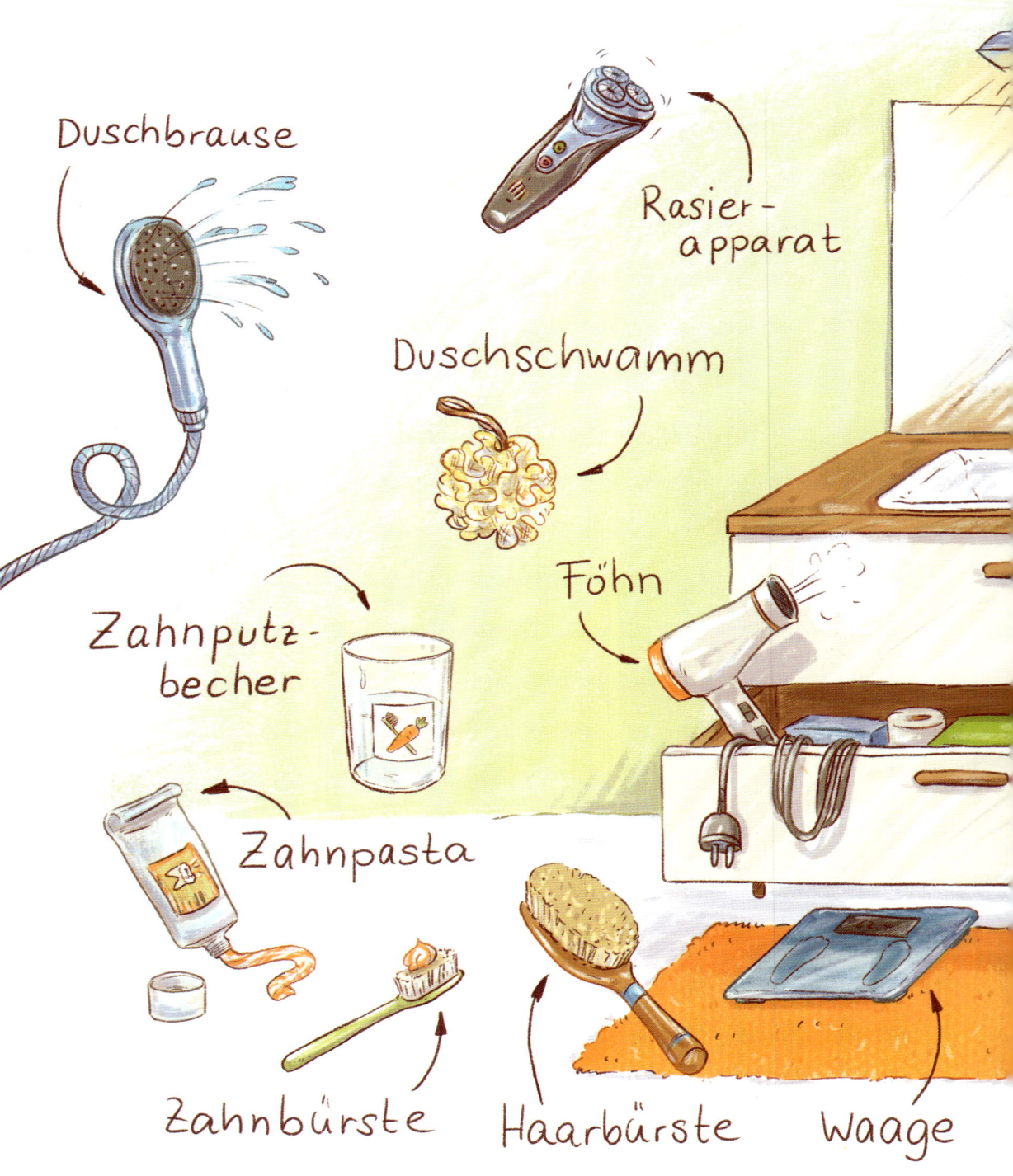

Lenni und Klara haben die Creme entdeckt.

„Soll ich dich eincremen?", fragt Klara.
Nein, Lenni möchte sich selbst eincremen.

Ups! Das war wohl etwas viel Creme.
Das Badezimmer hat auch etwas abbekommen.

Papa kommt rein. „Nanu, hier ist ja alles weiß", sagt er.

Lenni und Klara putzen sich die Zähne.

Jetzt zieht Lenni sich den Schlafanzug an.

Lenni darf sich noch eine Gute-Nacht-Geschichte aussuchen.

Lenni und Papa machen es sich auf dem dicken Kissen gemütlich.

„So, Lenni, nun aber schnell ins Bett", sagt Papa.
Lenni krabbelt zu Möhrchen ins Bett.

Aber Lenni möchte viel lieber bei Mama und Papa schlafen.

„Lenni, ich lass die Tür auf und das Licht an", sagt Papa.
„Wenn du diese Nacht aufwachst, darfst du mit Möhrchen
zu uns ins Bett kommen."

Das findet Lenni gut! Er kuschelt sich in sein Bett.

Mama und Klara kommen rein. „Gute Nacht, Lenni!", sagen sie.

Lenni gibt allen ein Küsschen. Mama, Papa, Klara und natürlich auch Möhrchen.

Gute Nacht, alle zusammen!

Basteln und Spielen mit Lenni

LENNI BASTELT EINE RASSEL

In der Musikstunde darf Lenni ein paar Instrumente ausprobieren. Auch eine Rassel. Mit ganz einfachen Mitteln kannst du dir deine eigene Rassel basteln. Frag deine Mama oder deinen Papa, ob sie dir helfen.

Dafür braucht ihr:
- eine kleine, leere Plastikflasche
- Reis

Und so geht's:
Füllt die Flasche zur Hälfte mit Reis. Das geht z.B. mit einem Trichter oder einem kleinen Löffel. Flasche zuschrauben und los geht's: Schüttele die Flasche wie eine Rassel oder lass den Reis ganz langsam von einer Seite zur anderen fließen.

Wenn du magst, kannst du die Flasche mit bunten Bildern bekleben. Dann macht sie nicht nur Musik, sondern sieht auch noch schön aus.

LENNI LERNT DAS MEMO-SPIEL

Wenn Lenni Besuch bekommt, spielt er gerne das Memo-Spiel. Das bringt nicht nur Spaß, dabei fallen ihm auch immer schöne Geschichten ein.

Dafür braucht ihr:
- eine Schere
- Kleber
- Pappe

Und so geht's:
Bitte einen Erwachsenen, die nächsten Seiten zu kopieren und auszudrucken. Klebt die Blätter dann mit den Bildern nach oben auf ein Stück Pappe. Schneidet nun die einzelnen Kärtchen entlang der Linien vorsichtig aus.

Jetzt könnt ihr spielen: Legt die Kärtchen mit der Möhrchenseite nach oben auf den Tisch und mischt sie.
Möchtest du anfangen? Dann decke zwei Kärtchen auf:
Wenn beide das gleiche Bild zeigen, darfst du sie behalten und zwei weitere Kärtchen aufdecken. Wenn du unterschiedliche Bilder siehst, drehe sie wieder um. Nun ist der nächste Spieler an der Reihe. Wer am Ende die meisten Karten hat, hat gewonnen.

Andrea Kuhrmann arbeitet in der Buchbranche und lebt mit ihrem Mann und ihren drei kleinen Kindern in Berlin. Vom Vorlesen, Erzählen, Lachen und Einschlafen war es nur ein kleiner Schritt bis hin zur ersten eigenen Geschichte. Sie ist überzeugt: Kinder möchten Geschichten, die sie ernst nehmen, aus ihrem eigenen Alltag kommen und leicht verständlich sind. So sind die Abenteuer rund um den kleinen Hasen Lenni Langohr entstanden.

Nadine Reitz, geboren 1976, verbrachte ihre Kindheit im beschaulichen Vehlefanz in Brandenburg – umgeben von Wiesen, Feldern, Tieren und verzauberten Orten. Sie war schon immer fasziniert von Papier, Farben und Stiften. Seit 2011 arbeitet sie als freie Illustratorin und Grafikerin. Heute lebt sie mit ihrer Familie und drei flauschigen Katern am schönen Niederrhein.